20

18.

C

WITHDRAWN

Other AUP Titles

PERSPECTIVES
George Bruce

TOUCHING ROCK
Norman Kreitman

INGAITHERINS
Alastair Mackie

WHEN TRUTH IS KNOWN
Ken Morrice

FOR ALL I KNOW
Ken Morrice

A RESURRECTION OF A KIND
Christopher Rush

NOT IN MY OWN LAND
Matthew McDiarmid

TIME GENTLEMEN
Hamish Brown

THE TIMELESS FLOW
Agnes C Carnegie

THE PURE ACCOUNT
poems by Olive Fraser (1909-1977)
collected, selected and introduced by Helena M Shire

POEMS OF THE SCOTTISH HILLS
an anthology
selected by Hamish Brown

SPEAK TO THE HILLS
**an anthology of twentieth century British and Irish
mountain poetry**
selected by Hamish Brown and Martyn Berry

THE
LOW ROAD
HAME

collected poems by
DONALD GORDON

ABERDEEN UNIVERSITY PRESS

First published 1987
Aberdeen University Press
A member of the Pergamon Group
© Mrs M D Gordon 1987

The publisher acknowledges subsidy from
the Scottish Arts Council towards the
publication of this volume.

British Library Cataloguing in Publication Data

Gordon, Donald, *1921-1985*
    The low road hame : collected poems.
    I. Title
    821'.914   PR 6057.065/

    ISBN 0-08-035073-9

Printed in Great Britain
The University Press
Aberdeen

In memory of Donald — a good Scot
who had a way with words

Donald Gordon CMG, MA, LL D, was born in Aberdeen and educated at Robert Gordon's College and Aberdeen University, where his first poems in Scots were written. He served in the Royal Artillery during the Second World War with a Northeast Scottish regiment, in Normandy, the Low Countries and Germany, and was Mentioned in Despatches. After the War he joined the Diplomatic Service. He retired in 1981 as HM Ambassador in Vienna and was awarded an honorary LL D by Aberdeen University in 1982. His collection *The Gangrel Fiddler and Other Poems* was published in 1984. He died suddenly in Strathdon in April 1985.

CONTENTS

ACKNOWLEDGEMENTS

This collection includes all the poems in *The Gangrel Fiddler and Other Poems* and those written by my husband after the publication of that volume and before his sudden death in 1985.

Some of these poems first appeared in *Alma Mater*, the *Burns Chronicle*, the *Aberdeen University Review* and *The Aberdeen Press and Journal*.

I am grateful to Dr Cuthbert Graham, Neil Johnston, Charles King and Dr Ian Olson for their help an encouragement: to Dr Patricia Thomson for kindly writing the introduction; to my family for their support and help in all sorts of ways.

Molly Gordon

INTRODUCTION

When Molly Gordon asked me, as one of Donald's oldest friends, if I would agree to write this Introduction I was both happy and sad to do so. The reason for the sadness is obvious. Donald's first, well-considered selection of his poetry, *The Gangrel Fiddler and Other Poems*, was published less than a year before his sudden death. These have now been augmented by the occasional poems he wrote in his too brief retirement. But, alas, there are no more to follow.

I feel glad, however, to be associated, however peripherally, with Donald in this publication. For it was not on the hard benches of the lecture rooms at King's College that our friendship began but in the poky office off Union Row, which smelt of printer's ink and paste and was familiar to generations of student journalists. There, as co-editors of *Gaudie*, we laboured to collect, write-up or fabricate each week sufficient undergraduate news and gossip to satisfy our contemporaries. We took it in turn to shoulder the full editorial responsibility of deciding on the lay-out and pasting it up. But when the material was lacking and the dead-line and the wrath of Davy, the compositor, were pending, Donald's imperturbable resourcefulness was then as distinctive and reassuring a feature as it was to be later in his diplomatic career, when he had to cope with rather more international crises.

No-one, however, could claim that *Gaudie* was strikingly literary. That was the prerogative of the more reputable student magazine, *Alma Mater*, in which we also collaborated, sifting through depressingly large piles of stories, articles and poems and passing them to each other for judgement, in what I now see was a remarkably ruthless operation. But well before Donald was involved editorially with *Alma Mater* he was a steady contributor and it was a great delight to recognise in *The Gangrel Fiddler* some of his early poems — especially 'Mains on Hitler'. This struck me then as a very amusing and amused take-off of fireside 'political discussion' down at the farm — and it still does. But how well the poem has travelled through the years and how accurately it recalls the sense of confusion, ignorance and remoteness from the conflict which marked the first few months of the war — and not only at Pechinteuchit.

Although I knew that Donald came from a farming background in Aberdeenshire I had no idea, nor had any of his friends, that Doric came so easily to him. Before going up to university some of us had been encouraged by the Sir William Noble prize for a knowledge of the Scots dialect to read a good deal of Scottish poetry and 'get-up' many unfamiliar words for the occasion. But my frequent recourse to the glossary in reading this collection has brought home to me how little I have retained. Donald

Gordon's was a lasting inheritance and life-long interest for him, while his excellent background in English, French and German literature, combined with a genuinely cosmopolitan outlook, guarded against any tace of parochialism in his attitude to the Doric. His version, in this book, of Ronsard's much imitated sonnet, 'Quand vous serez bien vieille, au soir, à la chandelle' is a delightful example of both admirable fidelity to the text and adventurousness in its physical translation to homely Northeast surroundings:

> The kitchie deem, gey trauchled-like at e'en,
> Sall tak new hert tae hear this tale o thine . . .

Some of the earlier poems are written within recognisable and familiar traditions: those in ballad style, such as 'Witch Wife and 'Fause Lover', with their simple form and metre, recurring couplets and pattern of question and answer; and those, like 'Strange Music' or 'Green Island' which in their mystery and magic show the influence of Celtic Twilight poetry — converted here, indeed, into Northeast Gloaming. But all these poems, in fact, have a great deal in common in their themes of loss, disillusionment and melancholy — themes which the young are particularly partial to — and which are very imaginatively handled in poems in which the mood, the elements and the surroundings are as one. It is interesting to note how the greyness of the scene is constantly stressed by one who has himself come from 'a grey toon'. Not only is the twilight grey; when a lover has been lost, even 'the dawn is gurlie and grey'. 'Gray Gloaming' starts with

> Haugh and hill
> Are cauld an gray
> An lang nicht creeps
> On a dreich, dreich day.

and the poem ends with

> There's nae mair mirth
> In a weary day
> For luve is deid
> An the warld is gray;
> There's naething left
> O an auld, auld sang,
> An the day is cauld
> An the nicht is lang.

It is however, 'Evensong' which most successfully and economically suggests that indefinable quality of the gloaming to which the poems return so often. For here no human concerns intrude. There is only 'the queer halflicht', the mists creeping, no wind stirring, just the low murmur

of the burn to give the sense of timelessness—so that in the end there is only
a nuance of difference between the first verse and the last:

> It's queer and quaet
> I' the grey halflicht,
> Ahint the day,
> And afore the nicht.

Donald Gordon greatly admired Charles Murray's poetry and would
have been the first to acknowledge the influence of *Hamewith and Other
Poems* upon him. Murray, looking back at his homeland from South
Africa, took as his *persona* the Wanderer, the Alien who yearned in sun-
baked lands for the mists, the peat-reek and the heather. He was even
'weary for the weet / And driving drift in Union Street'. His nostalgia,
however, took many forms and some of his best-known poems are those of
shrewd, humorous and forceful observation of the ways of Scottish country
folk,—a good example for others to follow. But though the relationship is
there and the very title, *The Gangrel Fiddler and Other Poems*, may
encourage comparisons, Donald Gordon was no homesick exile; his world-
wide journeying was an essential and satisfying part of a distinguished
career. Perhaps it was because, as *The Times* obituary put it, 'Gordon
never relaxed his Scottish affinities' that he was never tempted to idealise
his birthplace and could remain affectionate and unsentimental about it.
As far as the Doric was concerned, however, he was wholly convinced of its
possibilities, as the variety of his poems demonstrates.

Five terse and moving poems commemorate his war service with a
Scottish artillery regiment, of which 'Gun Detachment' perhaps brings
home most starkly the impersonality of modern warfare, in which the
soldiers owe fealty, not to their leader but to their gun.

> They wis his thirlet men. For ilka ane
> The gun wis maister, an they keepit faith.
> A lord o' war fa's darg wis nivver dane,
> That spak in anger wi a voice o death.

The contrast in metre, topic and tone could not be greater than in the
poems written almost four decades later, featuring God, Adam and Eve,
and Noah. In 'The Confirmed Bachelor', Adam's chatty account of Eve's
deficiencies jogs on in long-winded lines, broken occasionally by a
meditative couplet:

> Bit man, she wid blether,
> My faith! She wid blether,

until the climax:

> For efter an aa,
> Aye, efter an aa,
> He wisna that keen on a helpmate ava.

followed by the laconic coda, a neat re-writing of Scripture:

> The Lord jist acceptit the hale situation,
> Though he kind o regrettit the end o creation.

These poems are among the many—almost as many as in *The Gangrel Fiddler*—that Donald Gordon wrote in his short retirement. Several of them were published in *The Aberdeen Press and Journal* and it is inevitable that occasional verses written with a contemporaty reading public in mind are not all of equal merit—although it should be said that a new brio—or perhaps revived *Gaudie* mettle—is often detectable. They show that he enjoyed commenting on Northeast events and digging deeper into his Scots dictionary in order to exploit the potential of such awesome words as 'hilliegeleerie', 'collieshangie', 'heelstergowdie', and 'curriebuction' —all of which makes the contrast between many of the English titles to the poems and the Doric contents even more intriguing.

In 'Auld Acquaintance. Lament for the Braif Toun' Donald Gordon rightly strikes his most bitter note at what the developers, 'The Attilas of Bonaccord' have been allowed to do to the city. He speaks from the heart not only for all Aberdonians—not only for those who, in revisiting 'the toun I eesed tae ken', mill around hopelessly searching in vain for the Guestrow and the Nether Kirkgate and pursuing the Wallace Tower to its uncongenial site in Old Aberdeen—but for a deprived posterity:

> It disna coont for much, the day,
> Five hunner years o' History.

Not all the poems are Aberdeen oriented. In some of them, such as 'The Sabbath Breaker' and 'In thy Great Mercie' he shows distinctive lightness of touch and amused tolerance in his handling of the case of both the clamorous bird and the 'cankert deils / We dinna lo'e at aa'. While in the love-poems, 'End of Story' and 'Final Curtain' he strikes new chords, especially in the rapturous exultation of the latter, in which the homely phrase 'hallarackit queyn' becomes decked with the glory of love:

> I'll rax oot tae catch ye the siller mune,
> An ye'll pit yir haun in mine,
> An the glorie will shine i'the lift abune,
> My hallarackit queyn.

While I value the variety of Donald Gordon's poetry it is, I think, the poems in which he gives his humour free play which I have most enjoyed. In conversation he was the master of the demure understatement, the quizzical suggestion, the raised eyebrow; he had no need of the forceful assertion. He was a listener and observer as well as a participator and obviously had some sympathy for the speaker in 'The Observer' whose idea of Heaven was to fill the vacancy:

xiv

For a Recording Angel's Mate.
Seated aside the heavenly throne
I'll watch the warldly cairry on
Jist sit and watch; a rare job, thon.

The characters in Donald Gordon's poems have no inhibitions about speaking their minds, as in 'Kith and Kin':

I dinna like my sister's man
A richt like peelie-wallie . . .

I dinna like my brither's wife
She's sic a mim-mouthed craitur
A scunner of a woman yon
I canna thole the cratur.

Or 'Lèse Majesté':

Sae he's a Councillor ye say
A heid administrator.
I mind him fan he wis a loon
A geypit kind o cratur.

It is impossible not to enjoy the downrightness of the slanging, the refreshing debunking of pretension. Yet what makes these poems really interesting is that the deficiencies of the character who is speaking are, in each case, palpable. Idleness, self-righteousness, egotism, opinionatedness, envy—all are there to a certain extent. 'Lèse Majesté' is, of course, in the good old tradition of the prophet having no honour in his own country—and the satire is as kindly as was Scott's of Mrs Howden in *The Heart of Midlothian*, when she denied 'grace, discretion or gude manners' to 'Jock Porteus', because she had known him as a boy and 'I mind when his father . . .' Unlike his characters, Donald Gordon was not out to pass judgement.

I have left the most pleasurable to the last. 'Wee Jaikie's Sang' extols with the gusto and total conviction of youth the superiority of strippit ba's over all other comforts or comfits, all less-enduring miracles, the world over.

Babylon is blown awa'
Egypts host is sairly drookit!
Ither sweeties ye can chaw,
Strippit ba's maun aye be sookit.

It is really a very clever poem, not least in the way that Jaikie's earnest claims on behalf of his favourites are punctuated by exuberant, nonsensical exclamations, fantastic, alliterative couplings:

Tweedledum and Tweedledee,
Tap o Noth and tapsalteerie!
Fan aa ither comforts flee,
Strippit ba's will keep you cheery.

'Wee Jaikie's Sang' should keep anyone cheery.

Patricia Thomson

THE GANGREL FIDDLER

The tinker cam, and nane cud tell
Fat springs he played the braes amang:
A rant that brunt wi the lowe o hell
Or a sad, saft sang.

A sang o lovers that ne'er sall pairt
And the lichtsome glint in a lass's e'en:
And luve grown cauld and a brukken hert,
And the lang nicht atween.

A rousing rant fae the yetts o hell—
O wine that's auld, and a luve that's new—
That wid gar ye dance wi the deil himsel
And his hale black crew.

But files he played at the close o day,
Low and clear as the mirk cam on,
A sang ye'd kent as a bairn at play
And ye minded on things that ye daurna say:
Aye, it was queer, thon.

CULTURAL REVOLUTION

As I gaed by the College Croon
I spied a braw-like carriage.
A denty lass wis steppin doon,
Aa buskit for her marriage.
Quo I: 'Ye tak a Buchan lad?—
For o but they are gallus!'
Quo she: 'You must be joking, Dad,
My luve wis born in Dallas!'

As I tae Turra did repair
I met this bricht young fella.
His breeks wis afa ticht, his hair
Wis different kinds o yella.
'Aye, aye', quo I, 'Ye'll wint tae fee,
An see yir bairnies fed, man?'
Quo he: 'Corn rigs is nae for me.
It's ile rigs brings the bread, man!'

There's T-bone steaks in Aiberdeen,
Beefburgers in Stra'bogie.
Anither strike wis made yestreen,
Sae bring alang yir cogie.
Ae day, they say, twil aa be ower,
Bit nae jist yet, by gum!
Half-owre, half-owre tae Aberdour
There's plenty still tae come.

BATTLE SANG O THE REID ARMY
(For Aberdeen FC. *Tune:* The Church's One Foundation)

The fiery cross is glintin
On hielan hills afar.
The beacon fires are blinkin
On distant Lochnagar.
Fae Bellabeg tae Buckie,
The Broch tae Foggieloan,
The Granite Toun, an twal mile roon,
The reid battalions come.

Raise up the battle standard —
Oor flag is crimson reid,
An bravely i' the vanguard
It flees abune wir heid.
There's nane can staun afore us,
Sae gie's yir haun my frien,
Lat's sing the Victory Chorus —
The Sang o Aiberdeen!

JANUARY 25: THE IMMORTAL MEMORY

Robin, gin ye wis here the nicht
Wi fowk o ilka station,
Aa gaithert wi the Great an Gweed
Tae hear the braw Oration,
Ye cudna haud fae lauchin, loon,
Bit ach! it's weel intendit:
We'll tak a richt guid-willie waucht
An thole it or it's endit!

TAE A HEID BUMMER, ON RETIREMENT

Weel, Charlie loon, it's lowsin time
Bit man! Ye'll seen discover
Wi sic a wale o eident ploys
Ye've mair tae dae nor ivver,
Wi gowf tae mortify the flesh,
Music tae cheer the speerit,
I'se warrant though the day be lang
Ye'll nivver yet be weariet.

THE RESURRECTIONISTS

In Embro toun ae nicht, they say,
A puckle braw young callans
Wis emulatin Burke an Hare
An resurrectit Lallans.
Awa in roch auld Aiberdeen
The fowk wis fairly blaikit:
For gin it's nivver yet been deid,
Foo can a corp be straikit?

AULD ACQUAINTANCE:
LAMENT FOR THE BRAIF TOUN

Cum let us say a last Amen:
Gweed rest the toun I eesed tae ken.
The wynds an closes at I kent
Hiv yielded til Development.

Yon chiel Montrose wis aye the best
At pu'in doon an layin waste.
Gin the Improvers hae thir say
Ye've met yir marra, lad, the day.

The Guestrow's gane: unhappy ghaist
That's thirlit til an airthly past!
Gin Cumberland sud come anew
He widna ken the neebors noo.

The hauf o Broad Street isna there.
The Nether Kirkgate is nae mair.
The Wallace Tower his traivelt far:
Faur hiv they pit the Hen Hoose Bar?

Kissed yestreen an kissed yestreen,
Up wi the Gallowgate, doon wi the Green!
It disna coont for much, the day,
Five hunner years o History.

On Castle Hill they hae brocht doon
The auldest quarter o the toun.
They'll clear the lot, jist say the ward,
The Attilas o Bon Accord.

O Thou that stays the fire an sword,
Preserve us fae the Planners, Lord!

THE SHAWS O ACADEME

Remark the academic chiel
Fa's darg is nivver dane.
Observe foo he embellishes
The literary scene.

He's warslin wi his opus
(Or mebbe opera)
Aa brawly annotated
Wi appendices an aa
(Aye: he suffers fae appendicitis).

Tae show ye he's a billie
O superior degree
He'll nivver dae wi ae ward
Faur he cud manage three
(Brevity? Oh, we'll hae nane o that!)

An fan he's said it ae wye
He'll turn it roon aboot.
He's great on illustration,
He'll nae leave naething oot.
(Selectivity? Fit's that ava?)

He'll fair exhaust his subject
Afore his wark is dane.
It's ill tae dae't in twenty Vols:
It's waur tae dae't in ane.

WEE JAIKIE'S SANG

Strippit ba's is hard tae bate,
Strippit ba's is really dandy.
Strippit ba's is simply great,
Better nor yir common candy.

Candacraig and Kandahar,
Fillabeg and fillmacannie!
Mind an bring yir jeelie jar,
Ye can gie it tae the mannie.

Chocolate bars will melt awa,
Like the snowflakes i' the river.
Jericho will surely fa:
Strippit ba's gie lasting pleasure.

Tweedledum and tweedledee,
Tap o Noth an tapsalteerie!
Fan aa ither comforts flee,
Strippit ba's will keep ye cheery.

Bless o Lord, wir daily maet
(Bless fat we've already eaten).
Lord, I ken ye'll nae forget:
Strippit ba's can ne'er be beaten.

Babylon is blawn awa,
Egypt's host is sairly drookit!
Ither sweeties ye can chaw,
Strippit ba's maun aye be sookit.

London brig is tummel't doon,
Glesca's coupit i' the river.
Embro's shoogly i' the foun:
Strippit ba's will last for ivver.

OVER THE GARDEN WALL

A fine day? Imphm!
Naething wrang wi the day.
Na, na—
Mair nor ye can say
O the fowk.

Her sumph o a man,
Ca'in ower ma cartie!
He sud look faur he's gaun,
The muckle gowk!

An fan he got duntit,
Dae ye ken fit she said?
I wis black affrontit!
The impident besom!

An ye widna winner
Her bairn got skelpit,
Staunin there
Like he cudna help it.
The glaikit wee stirk!

An fit aboot me?
Fegs,
I wis fair connach't
Me wi ma bad legs!

She's fae the Sooth, ye ken,
Nae like hiz,
A queer cratur!

Jist coorseness, it wis.

THE OBSERVER

My feyther, and my mither dear,
For aye they're haudin intil me
Tae tak a job, and get tae wark,
And tell them fit I wint tae be:
A leezy life, an easy life,
A leezy life's the life for me.

My brither fairms his ain bit place,
Wi ousen and wi nowt forbye.
They say his heid is fou o beasts:
There's mair til life nor coontin kye.
I'd raither dander doon the road
Or sit and watch the warld gyang by.

Gin there's a dauntin job til dae,
There's aye some birkie gled tae dae it.
Jist tyauvin on, fae dawn tae dusk—
Faur I'm concerned, he's welcome tae it.
Should he require a hertnin ward
I'm verra weel prepared tae gie it.

But fan, this airthly travail dane,
I'm chappin at the Pearly Gate,
I'll speir gin there's a vacancy
For a Recording Angel's Mate.
Seated aside the Heavenly Throne
I'll watch the warldly cairry-on.
Jist sit, and watch: a rare job, thon.

UPROAR I' THE COONCIL

Sic a curriebuction!
Fit a cairry-on!
Ah, there'll be a ruction
Ower the heids o yon.

Uproar i' the Cooncil!
Aathing in a steer:
Heid administrators
Fechtin on the fleer.

Councillors an sic-like
Fleein roon yir heid—
Fit a thing tae ca' him!
Sammy-dreip indeed!

Rin an tell the bobby,
Pit the mannie oot—
Bringin the proceedins
Intil disrepute.

Fit a collieshangie!
Sic a cairry-on!
Fa'd hae thocht the Provost kent
Wardies sic as thon?

LÈSE MAJESTÉ

Sae *he's* a Councillor, ye say,
A heid administrator?
I mind him fan he wis a loon,
A gypit kind o cratur.
Although in civic life, I wot,
Advancement may be sudden,
The rank is but the guinea stamp:
A pudden's aye a pudden.

IN THY GREIT MERCIE

For aa Jock Tamson's brookit bairns
We own Thy poo'er tae save:
Nae jist the Gweed an Godlie, Lord—
The coorse anes wi the lave.

Nae anely, than, on those we lo'e
Lat bounteous mercies fa
Bit files upon yon cankert deils
We dinna lo'e at aa.

KITH AND KIN

I dinna like my sister's man,
A richt-like peely-wally.
For aa his Latin and his Greek,
A regular Aunt Sally.
'A clever chiel' the fowk aa say,
'By-ordinar weel spoken':
Gin I can hae a dram a day,
I dinna gie a docken.

I dinna like my brither's wife,
She's sic a mim-mou'd naitur.
A scunner o a wumman, yon,
I canna thole the cratur.
Gweed save me fae a wife like thon,
Twad drive me fair dementit:
But since I bide my leefu lane,
Weel, sirs, I'm fair contentit.

I've aye been gled tae greet a frien,
Fatever may betide me,
As he cam wauchlin doon the road
And doupit doon aside me.
Through aa the changing paths o life
We're ca'd tae differing stations,
And fegs! though you can choose yir friens,
Ye canna help relations.

DEEP DEPRESSION

It aa began a lang time syne, this chapter o mishaps,
Fan Noah, ae bricht simmer's day, wis lookin ower his craps.
'A fine day', said a neebor fa wis danderin doon the lane.
'It is that', answered Noah, 'Bit we're afa needin rain',
An thocht nae mair,
An gaed his gait.
Bit it chanced that some young cherubim, or craturs sic as these,
Wis oot upon a trainin flicht an bizzin roon the trees,
An ae thochtless little gomeril, wi naething else tae dae,
Reported Noah's casual wirds tae High Authority.
An the Lord said
'Gin Noah's needin rain, then he sall hae't.'

Weel, that is foo it cam tae pass that Noah an his brood
Wis plowterin in a muckle ark upon a muckle flood.
Puir Noah's wife wis sair pit oot; the sotter on her fleer
Wis mair nor she cud tolerate, wi aa the soss an steer,
An that twa hippopotami wi their great mucky feet,
An aa the sharny beets.
An aye the rain dang doon.
Till eftir aa the days an nichts at they hid tholed thegidder
Noah pit oot his heid an said: 'It's weety kin o widder.'
An the waters began til gyang doon.

The neist thing wis that they fun oot they hid come tae land
Fast stickit on a mountain tap, wi dubs on ilka haun.

Syne Noah's wife jist gied a sniff, an said: 'I've this tae tell.
Gin ye've comments on the widder, wad ye keep them til yersel?'

OF MAN'S FIRST DISOBEDIENCE

The gweed Lord said til Adam, that since he'd fa'n fae grace
He maun tak that umman wi him, an seek anither place.
Noo Adam wis gey thochtfu, as he liftit up his kist.
It wis nae the gracious leevin, for he kent he'd nivver miss't.
He wis thinkin on his Gairden, faur he'd spent sae mony oo'ers.
He wis sweer tae leave his Gairden, an aa his bonny floo'ers.

As Adam tuik young Evie's haun, tae walk a lanesome road,
He winnert fa they'd get tae wark the pleasant lands o God.
That angel lads did weel eneuch at singin i' the kirk
Bit liftin tatties, pu'in neeps—noo that's a different wark.
He wis jist a bittie worrit, as the dandered doon the track,
For fa wid pit his seedlins oot, or cut his roses back?

The years gaed by, an Adam at last wis growin auld.
He tuik tae bidin in the hoose; he didna like the cauld.
An Evie telt the littlins they wis nae tae mak a steer,
An nae tae bother Grandpa, fa wis settled in his cheer.
She kent fine fat he wis thinkin, jist sittin there for oo'ers:
He wis mindin on his Gairden, an aa his bonny floo'ers.

14

CONFIRMED BACHELOR

God hid made man, bit fan it was dane
Wis feart he micht weary, jist bidin his lane.
There wis nae ither cratur wi fa he was sib,
Sae God socht o Adam the lane o a rib
An made him a wife,
Aye, He made him a wife,
A fine, sonsie deemie, a helpmate for life.

Bit wait or I tell ye: the best o intent
Is nae aye successfu in daein fat's meant.
Tae start wi, young Adam wis pleased wi the queyn;
They kissed an they cuddled, an likit it fine.
Bit man, she wid blether,
My faith! she wid blether.
Puir Adam wis near at the end o his tether.

Anither thing tae: the laddie seen cam
Tae see she wis ettlin tae play the grande dame.
As the autumn drew on, wi a nip i' the air,
She keepit complainin she'd naethin tae wear.
Fan he'd vrocht in his Gairden for oo'ers an oo'ers
She'd be pickin his aipples, an pu'in his floo'ers.
Richt discomfittin, thon.
An he felt a richt feel
Fan he caught her conversin wi serpents as weel.

Sae he said tae the Lord, that fan aa's said an dane
He'd be far better shuited jist bidin his lane.
For efter an aa.
Aye, efter an aa
He wisna that keen on a helpmate ava.

The Lord jist acceptit the hale situation,
Though He kind o regrettit the end o creation.

AULD ALLIANCE

Fan ye need a bittie culture
Gie yirsel a proper chance:
Activate the Auld Connection,
Hist awa tae Bonnie France.

Pit ECOSSE across yir windae
For a message til the fowk,
Lest the friendly Breton fairmers
Tak ye for a Southron gowk.

Aa the lassies font le topless!
O, la belle carrosserie!
Mind ye, though, ye'd nearly perish
Tryin yon at Brig o Dee.

O, the lovely haute cuisine!
Sic indulgence for yir wame!
Aye, it's definitely better
Nor 'Le Cairry-oot' at hame.

Dinna spik o viticulture —
Michty, fit a cairry-on!
Yon's a cheeky little claret
I cud go a goutte o yon.

Aa the time, ye're learnin phrases
At the skweel ye nivver heard.
Nae tae ken the leevin language
Fairly draps ye i' the merde.

O the bonnie past subjunctive!
Gies yir French a touch o class.
Dinna lose it: j'aurais voulu
Que ca jamais ne passasse!

Mary, Mary, Queene o Scottis,
Rest in peace, my bonnie queyn,
Nivver fret: the Auld Alliance
Even yet is daein fine.

GREEN FINGERS

Floo'ers is like fowk: a bittie praise
Can wonders wark, I trow.
It anely taks a kindly ward
Tae gar yir gairden grow.

Plants is as gled o company
As ony ither being.
Sae greet yir pelargonium
And speir foo it's aye daein.

Syne tak the time tae hae a news
Wi dahlias and wisteria:
A cotinasta lefts its lane —
Michty! it's in hysteria.

Geraniums winna bloom unseen,
It isna in their naitur.
A frienless antirynum's jist
A shilpit little cratur.

I'll aff tae my begonias, noo,
Tae hae a quiet crack.
For man! there's ae gran' thing wi floo'ers:
They nivver answer back.

THE SABBATH BREAKER

My bonny bird, I hae a kin o notion
That Maister Knox micht hae a ward tae say
At siccan a kerfuffle an commotion
On the Sabbath day.

Fan aa the lave are douce an quaet an holy,
A clamour sic as thon I nivver heard.
Fat gars ye sing wi sic a stoun o glory
On this derk yird?

TWO FOR A FARTHING
(Matthew: 10-29)

They're canty little craturs, thon,
An fegs! they arena blate
Tae bob in ower the balcony
An share wir daily maet.
I ken Ye've plenty else tae dae,
Wi craturs great an sma:
Bit watch oot for wir sparras, Lord,
An dinna let them fa.

IN THE HIGH PLACES

Afore the hills in order stood,
Fan the warld wis in a snorl,
Mount Ararat gaed birlin by
Ae day abune Balmoral.

Fan cool Siloam's shady rill
Ran ower the Linn o Dee,
An Jordan's stream cam loupin doon
At the back o Bennachie.

I'se wat there wis some unco sichts
In thon throughither days:
A gairden fu o olive-treen
On Mormond's runkelt braes.

A heelstergowdie kin o warld,
Faur mountains flee'd aboot:
Bit in thy wisdom, Lord, lang syne
It aa wis sortit oot.

Lang syne: an noo in trauchelt times
We lift wir e'en til Thee
And in the quaet o the hills
Perceive eternity.

BLACK MAGIC

As I sit quaet at my granny's knee
Mony's the time she's said tae me
That o living craturs, great an sma,
The deil's ain bird is the hoodie craw.

Fae ilka twalmonth (so she'll say)
Siven hale days the bird maun pay,
Maun hist awa tae the yetts o hell
An gie's respec's tae the deil himsel.

Sae gin an auld black craw be seen
Circlin doon on the drying green
'Hish him awa, my bairn', she says,
'I'll hae nae soot on *my* clean claes!'

BAIRNSANG

Faur are ye gyaun til,
My hinny, my hen?
Ower the mountains
And back again.

A gey roch road,
I' the mirk, mirk nicht!
I'll see weel eneuch
By caun'le licht.

I' the misty muir
The haar draws doon.
Then I'll hap mysel weel
I' my scarlet goon.

My scarlet goon
And my silken shawl:
At the edge o the warld
The win blaws cauld.

O fat is yon buss
That grows its lane?
The bonnie brier,
That floo'ert yestreen.

The bluidred rose
Has a cruel thorn.
The rose sall be withered
Or I return.

O bide wi me,
My denty lass,
And I'll gie ye
A looking glass —

A siller glass
And a golden kame!
The glass sall be brukken
Or I come hame.

MAINS ON HITLER
Or political discussion at Pechinteuchit (1939)

Mains hid heard o Hitler's coup
Fae the factor at the roup,
Fae the ingle noo wis roarin
Fit he thocht o that auld Gorin':
Sic a coorse auld deil, said he,
Mortal man hid ne'er tae see.
Muggie, clatterin ower the cobbles,
Cud be heard in scorn o Gobbles
(She had heard o't lang ago
Comin ower the radio.)
Haudin in t' 'is jammy bap,
Little Jimmie, wi his map,
Made himsel a fair wee pushion.
Hid the laddie nae the fushion
Tae find Prague himsel'? Dod, aye!
(Far's the placie, onywye?)
John the loon, forgot his coupon,
And blethered on o revolution:
Jean, the deme, declared that she
Wid *niver* gyang tae Germany.

Grandpa, fa hid hid a dram,
Said he didna gie a dam'.

TUNES OF GLORY

Sae dauntingly the drums sall beat,
Sae shrill the fifes sall stert:
But dark and drumlie is the dreid
That lies upon my hert.

And yet the laverock sings, my luve,
And yet the laverock sings.
The earth anaith is still as death,
And yet the laverock sings.

Sae dauntingly the drums sall beat,
Sae crouse the pipes sall play:
But aye the fear within my breist
Is mair nor I can say.

And yet the floo'ers are sweet, my luve,
And yet the floo'ers are sweet.
The licht o day is cauld and gray,
And yet the floo'ers are sweet.

It's braw, it's braw tae march awa,
It's braw tae come again:
But I doot ye'll bide in fremmit fields
And I jist maun thole the pain.

NIGHT SENTRY
(Venraij, November 1944)

Fan I wis fee'd at Mains o Pechinteuchit
I yokit tae, and warkit wi a zest.
At muckin oot the byre I hid nae marra,
And rose at crack o dawnin wi the best.

But noo I watch the weary gray o morning
Come dour and cauld across a Holland sky.
I still muck oot the byre, there's nae denying —
And syne mak doon my bed aside the kye.

GUN DETACHMENT

They wis his thirlit men. For ilka ane
The gun wis maister, an they keepit faith.
A lord o war fa's darg wis nivver dane,
That spak in anger wi a voice o death.

They served their maister weel. In weet an glaur
They vrocht tae wark a purpose nane cud tell,
Tae drive a road throw the stramash o war
An clour a passage throw the port o hell.

AFTER BATTLE

Heich i' the lift
The sin glents doon
On deid and deein
Aa aroon.

The fecht is ower
For ane an aa:
The stour o war
Is blawn awa.

Ane has stood
And ane has run
And syne the day
Is lost and won.

The pipes that blew
Sae crouse the day
The nicht a coronach
Sall play.

Forhooied queyns
Are greetin sair
That gallus chiels
Sall come nae mair:

For lads that leuch
And daffed yestreen
This waukan nicht
Sall lie their lane.

Laich i' the lift
The sin gyangs doon
On deid and deein
Aa aroon.

A LAND FIT FOR HEROES

I mind on them yet,
Fan I wis a loon,
Chiels that wid sing
I' the streets o the toun.

Or chap at the door
An ring at the bell
Wi their boxes o spunks
An notepaper tae sell.

Decent-like men,
Short o a bob,
Doon on their luck,
Oot o a job.

Maist o them lads
That hid focht i' the War,
Gled tae win back
Fae the soss an the glaur:

Tae find aathing changed,
Aathing at hame,
The auld order past,
Naething the same.

They wis simple aneuch,
The doots that assailed them.
Nae divine discontent —
Jist the hunger that ailed them.

IN MEMORIAM

In Normandie my luve is laid,
Green the girse abune his heid
Saft and sweet sall be his bed
That lies sae far fae me.

And here the wind is roch and snell
And here the day is dreich and cauld:
And I, my luve, am growing auld
That aince was young wi thee.

I hear his lauch in ilka soun
His smile is bricht afore my een
But aa the lichtsome years atween
Lie lost in Normandie.

SANG FOR A LOST LOVER

Nae mair o this, my luve,
Nae mair wi me.
Saft though yir kiss, my luve,
It canna be.

Ower late we twa hae met,
And nane can mend it.
Dear though I lo'e ye, yet
Kinder tae end it.

The dawn is come, my luve,
Gurlie and grey
The sang is sung, my luve,
Noo ye maun gae.

Yet fan ye lie yir lane,
Think files on me:
For till I'm auld and dane
I'll mind on thee.

END OF STORY

Jist haud yir tongue: for fat's the eese o spikkin.
A lang time noo, my lad, that I've taen tent.
Did ye nae think I heard the neebors claikin?
Oh, fine I kent!

The party's dane: the least said, seenest mendit.
My gallus chiel, I doot it's owre late.
Sae tak yir leave, the dancin days are endit,
An gang yir gait.

I'll hae nae mair o tryst an lovers' meetin
That braks the hert afore the break o day.
Ye ken ye dinna like til see me greetin:
For Gweed's sake, gae!

FINAL CURTAIN

Fan aa the starns is tummelt doon
An the warld gane tapsalteerie,
Fae the lip o the yird we'll goup aroon
At the unco hilliegeleerie.

I'll rax oot tae catch ye the siller mune,
An ye'll pit yir haun in mine,
An the glorie will shine i' the lift abune,
My hallarackit queyn.

SANG FOR HELEN

Fae the French o Pierre de Ronsard

Lang years fae noo, sittin at nicht yir lane
Afore the fire, ye'll sing this sang o mine,
Knittin aside the lamp, my bonnie queyn:
Lang years fae noo, fan ye are auld an dane.

The kitchie deem, gey trauchled-like at e'en,
Sall tak new hert tae hear this tale o thine
Foo I hae sung yir fame a lang time syne,
Blessin yir name wi praises evergreen.

Bit I'll be neath the mools, a hollow ghaist.
In myrtle's mirky shade I'll tak my rest.
An ye, a tired auld wife, sall sair regret

That ye hae spurned my love wi cruel scorn.
Hae joy in life, an waitna on the morn
Bit pu the rose file yet the floo'er is sweet.

WITCH WIFE

Mary my ain luve
Dearly I lo'e ye,
Till ye will wad me
Rest I hae nane.
Sairly ye socht me
Fairly ye bocht me:
Lang sall ye wish
That ye'd bidden yir lane.

Fat sall ye bring me,
Mary my dawtie,
Fat sall ye bring
As a tocher wi thee?
Dule sall I tak thee,
Wae sall I mak thee:
Dowie the day
That ye're merrit wi me.

Fat sall I gie thee,
Mary my hinnie,
You that's sae braw,
And sae bonny as weel?
Aa that ye hae til gie
In lang eternitie:
Lat them tak tent
That tryst wi the deil.

FAUSE LOVER

Green the girse
  And reid the tree
Fan first my love
  Was kind tae me.

Green the girse
  Anaith her heid,
Abune us baith
  The rowan reid.

But lang afore
  The simmer dane
Anither mate
  My luve had taen.

O wae tae him
  Fa e'er he be
That wiled my lass
  Awa fae me.

Gin I maun thole
  This dule and wae
Nae ither chiel
  My luve sall hae.

Black the girse
  And black the tree
And black the thocht
  That dwells in me.

SALAD DAYS

O will ye gang wi me, lass,
As aince we did, lang syne,
Fan I wis a tow-heidit laddie
An ye wis a lang-leggit queyn?

Wad ye like me tae cairry yir jaicket?
For me it's nae langour ava:
An I'll gie ye a hurl in my cartie,
An a lick o my slider an aa.

There's a queer-like licht i' the gloamin
Pits a glamourie ower the yird:
An I'll gie ye a hurl in my cartie,
As weel as a shot o my gird.

The wee fite rose o Scotland
Is growin ahint the dyke:
An I'll gie ye a hurl in my cairtie,
An mebbe a go on my bike.

The laverock's singin his hert oot
I' the plantin abune the hill:
An gin I gie ye my haun, lass,
Are ye willin tae gyan wi me still?

LANG JOURNEY BACK

I'm scunnert wi the lotus days
An trauchled wi the heat
An I think on a land abune the win
Faur the day is roch an weet:
Faur the wild geese cry in a gurlie sky
An the rain is sweet.

I mind me yet on a hard, thrawn land
Wi eident fowk forbye
An a gangrel loon in an auld gray toun
Anaith a norlan sky,
Awa i' the mists at the edge o the warld
Faur the great gulls cry.

Mirk the nicht, wi flauchts o fire
Faur the lift is aa aflame.
On the win that blaws i' the hollow hills
Ye can taste the saut sea faem:
An I hear the roarin o the sea
As I tak the low road hame.

VOICES

Ane cam afore the dawn,
Tirled at the pin,
And i' the sleepan toun
Tried tae win in.
But or I drew the bar
Aye it wis gane:
Anely the win, my son,
Anely the win.

Deep in the waukrife hoose
Something had stirred,
Haich i' the tapmaist tower,
Laigh i' the yaird.
But yet I cudna tell
Fat I hid heard:
Anely a bird, my son,
Anely a bird.

Syne or the early cock
Crew i' the east
The gentle singing cam
Intil my breist,
Minded on times lang gane
And luve lang lost:
Anely a ghaist, my son,
Anely a ghaist.

GREEN ISLAND

'Fit seek ye here on the cauld hillside,
Traivellin sae late at e'en,
Fan the owlet hoots tae the sabbin win
I' the licht o a weary mune?'
'Tae hear again fit I aince hae heard,
And see fit I aince hae seen.'

'Far are ye gyaun i' the cauld munelicht,
Ower hill an river an lea?'
'West tae the land far the mountains end
An the moorland meets the sea:
An west i' the path o the dyin sun,
Tae the shores o a far countrie.'

'An fit will ye fin at the journey's end?'
'An island o faery green
Far sorrow an pain are kent nae mair
An death is anely a dream:
Far there's nae soun bit the sough o the sea
An the lane gull's scream.'

'Bit far did ye learn o your magic isle?'
'I' the lauch o a bairn at play,
An the whisperin croon o a clear hill burn
I' the quaet o the dyin day:
An' a bird that sings afore the dawn
Fan the warld is dreich an gray.

'For I hae seen fit I canna tell
I' the still o the queer half licht.
There's bricht, bricht gowd i' the western sky.
Afore the comin nicht:
An the driftin mist draws ower the hills
That are hid fae mortal sicht.'

'Bit gin ye fin it's an empty dream?'
'Then I'll curse wi my dyin breath
The bairn that lies i' its mither's airms
An the folly o luve an faith:
For there's naething left i' a warld o tears
Bit sorrow, an pain, and death.'

STRANGE MUSIC

They socht him i' the gloamin,
Fan the shadows fa,
Doon ayont the auld toon brig
Ahin the auld toon wa,
Far the whisperin croon o the river
Cam' saft i' the heavy air,
An the rowans moved sae gently —
Bit naebody wis there.

They socht far the road gaed creepin
Doon an ower the haughs,
Atween the whins and heather,
Anaith the siller saughs.
The sough o the wind i' the branches
Wis the ghaist o a queer auld sang,
Bit him that they were seekin'
Wis gane fae sicht o man.

The shepherd tellt o a laddie
That cam ower the hill wi the nicht,
His step was licht an free, his een
Were fu o nae warldly sicht.
He spiert at him fit he wis seekin,
Alane, at close o day,
Bit 'The music, man, the music!'
Wis aa that he wid say.

I' the grey toon set i' the valley
Seven lang years gaed by.
The water aye lauched anaith the brig
The peat-reek twined tae the sky.
An anely the saughs by the river
Ever whispered his name:
Bit the wid wis still that mornin
Fan the wanderer cam hame.

They fun him aside the river
Far the girse wis saft an lang,
An drappin still i' the wind there cam
The notes o a queer, wild sang.
Bit afore they cud catch the lilt o'it
The early cock hid crawn,
An anely the hidden mavis sang
I' the quaet o the dawn.

GRAY GLOAMING

There's nae a soun
As I sit alane
Bit the screich o a gull
An the greet o rain.
Haugh an hill
Are cauld an gray
An lang nicht creeps
On a dreich, dreich day.

Nae mair I dream
Fan the day is done
O a laigh green isle
I' the settin sun,
Nor think tae hear
I' the sough o the trees
The lang, low sab
O western seas.

I' the lauchin burn
That gaed loupin alang
Wis the selfsame lilt
That my ain hert sang:
Bit the burn's in spate
An lauchs nae mair,
An waefu's the sang
O a hert that's sair.

The lowe o the funs
Is gane fae the hill,
The saughs are bare
By the side o the mill.
An the far hillheids
Slow fade fae sicht
I' the driftin mist
An the dim half-licht.

There's nae mair mirth
In a weary day,
For luve is deid
An the warld is gray;
There's naething left
O an auld auld sang,
An the day is cauld
An the nicht is lang.

EVENSONG

It's unco quaet
I' the queer halflicht
Ahint the day
And afore the nicht.

Fan the wraiths o haar
Sae saft an still
Come creeping, creeping
Doon the hill.

Nae wind maks mane
I' the siller firs,
In haugh and hilltop
Nae thing stirs.

But the burn that leuch
I' the hicht o noon
Croons saft and low
A queer, auld tune.

That fits nae words
But a tinkers rhyme
And kens nae end
But the end o time.

It's queer and quaet
I' the grey halflicht,
Ahint the day,
And afore the nicht.

CHRISTMAS SANG

'O fat's yir news the day, man,
An fat hae ye tae tell?'
'As I gaed doon by Bethlehem toun
A queer-like thing befell.
The hooses wis aa sneckit up
An naebody ootby:
Bit as I gaed by the byre door
I heard a bairnie cry.'

'O fat's yir news the day, man,
Come tell me fat's tae dae?'
'I've been awa til the big toun
The ferlies for to see.
I've nivver kent a crood like yon,
Gweed save us, sic a steer!
An as I gaed by the auld toun yett
I heard the fowk aa cheer.'

'O fat's yir news the day, man,
Fat's yir news the day?'
'There's sic a dolour in my hert,
I doot I'm feart to say.
The Mirk is thick ower aa the land
An aa the fowk is quaet
Bit as I cam ower by Calvary
I heard a lassie greet.'

EASTER SANG

Gaudeamus hodie:
Christ oor Lord is risen the day.

There is a gairden, snod and green,
Anent the runkelt olive-treen.

Abune the brae there grows a thorn
Aa douce in fite this Easter morn.

Aside the thorn, in cramasie,
The splendour o the Judas tree.

An aa the birds sae crouse sall sing
Jubilate til the King.

For there sall be nae dule this day:
Gloria tibi, Domine.

WORD LEET

aa all
aathing everything
abune above
ae one, some
afar far away
afa awful
affrontit offended, affronted
afore before
ahint behind, after
aince once
anaith beneath
anent opposite
aneuch enough
at that
atween between
ava anyhow
awa away

bairnsang nursery rhyme
bairnies little children
bap soft bread roll
besom old hag
beets boots
bide stay
billie brother, comrade, fellow
birlin twirling round
birkie lively lad
blaikit astonished
blaw blow
blether chatter
brae hill
braks breaks
braw beautiful
breeks trousers
Broch town, Fraserburgh
brookit streaked with grime
brukken broken
buskit dressed up
buss bush
brunt burned
by-ordinar unusually
byre cowshed

ca'in upsetting
cairry-on to-do

callans lads
cankert cross
chap knock
chiel young man
claikin gossiping
clour batter
cogie drinking bowl
collieshangie uproar
connacht upset, exhausted
coorse ill-natured
coronach lament
corp corpse
coupit capsized
crack chat
cramacie crimson
craps crops
cratur creature
crouse lively, proud
cudna couldn't
curriebuction quarrelsome gathering

daff flirt
danderin strolling
dane worn out
darg work
dauntingly bravely
daurna dare not
dawtie darling
deid dead
deil devil
deme, deem young woman, servant
derk dark
dod aye! indeed!
doots doubts
douce gentle
doupit doun plumped down
dowie sad
dreich dreary
drookit soaking wet
drumlie troubled
dubs puddles
dule sorrow
duntit knocked about
dyke stone wall

e'en   eyes
eese   use
eesed   used to
eident   industrious
eneuch   enough
Embro   Edinburgh
ettlin   attempting

fae   from
faem   foam
fan   when
fa'n   fallen
far, faur   where
fa's   whose
fat, fit   what
feart   frightened
fechtin   fighting
fee   wage
fee'd   engaged (as a farm servant)
fegs!   truly!
feel   fool
ferlies   sights
file   as long as
files   sometimes
fillabeg   kilt
fillmacannie   Aberdeen University
   Charities Campaign slogan
fite   white
flaucht   flash
fits   what's
flees   flies
fleer   floor
flicht   flight
foo   how
foo it's aye daein   how it's keeping
forbye   as well
forhooied   forsaken
fou   full
foun   foundation
fremmit   foreign
funs   furze
fushion   gumption

gaed   went
gaed his gait   went his way
gallus   dashing
gane   gone
gaing yir gait   go on your way
gangrel   strolling, wandering
gar   make, cause
gey   greatly

ghaist   ghost
gie a docken   give a fig
gin   if
gird   hoop
girse   grass
glaikit   silly, senseless
glamourie   spell
glaur   mud
glent   shine
gomeril   fool
gowk   blockhead
goup   gape
greet   weep
gurlie   stormy
guid willie waucht   copious draught,
   friendship cup
gweed   God, good
gyang   go
gyaun   going
gypit   daft

haar   sea mist
hae   have
haich, heich   high
hale   whole
hallarackit   excited
hame   home
hap   wrap
haud   hold
haud intil   berate, stick into
haugh   flat
haun   hand
heelstergowdie   head over heels
heid   head
hert   heart
hielan   highland
hilliegeleerie   topsy turvy
hinnie   darling
hish   shoo
hist   haste
hiz   his family
hoodie craw   carrion crow
hunner   hundred
hurl   spin

ilka   each
ile   oil
impident   impudent
ingle   fireside
ivver   ever
it's lane   alone

kame comb
ken know
kitchie kitchen

laich, laigh low
langour bother, ennui
lave the rest, remainder
lauch laugh
laverock lark
loon boy
loup leap
lowe glow
lowsin stopping work, retiring

maet meat
mair more
maist most
mak mane moan
maun might
marra equal
mairs thrush
mim-mou'd affected
mind remember, mind
mools grave, earth
muckle great
muck oot clean out (cowshed)
mune moon

nane none
neebor neighbour
neist next
neeps turnips
news chat, news
nor than
norlan northern
nowt cattle

ootbye outside
or until, before
ousen oxen
ower, owre too, over

peely-wally 'wet'
plowterin splashing about
poo'er power
pu pick, pull
puckle a few
pushion pest

queyn girl

rant lively tune
rax oot reach out
reek smoke
reid red
richt-like proper
rin run
roch rough, uncouth
roon round
roup auction
runkelt wrinkled, rumpled

sae so
sair pit oot sorely put out
sall shall
saugh willow
saut salt
screich screech
scunner abomination, loathing, disgust
scunnert disgusted, fed up
sharny muddy
shilpit sickly
shoogly wobbly
siccan, sic such
sichts sights
siller silver
simmer summer
sin sun
skelpit smacked
skweel school
slider ice cream (in a wafer)
sneckit latched
snell sharp
snod neat
snorl tangle, confusion
sonsie buxom
sookit sucked
Sooth South
soss mess
sotter disorder, mess
sough sigh
soun sound
southron southern
spier ask
spikken speaking
springs tunes
spunks matches
starns stars
staun stand
steer commotion, noise
stickit stuck
stirk stupid fellow

stoun   thrilling sound
stour   dust
straikit   laid out
stramash   tumult
sud   should
sumph   stupid blockhead
sweer   reluctant
syne   so, ago, then, since

tae   to
tak tent   take heed
tapsalteerie   topsy turvy
tatties   potatoes
thegidder   together
the day   today
their lane   alone
thirlet men   bondsmen
thocht   thought
thole   endure
thon   yonder, that
thrawn   disagreeable
throughither   disorderly
ticht   tight
til   to
tirl at the pin   knock
tocher   dowry
traivelt   travelled
trauchelt   troubled
treen   trees
tummelt   tumbled
twa   two
twal   twelve
tyauve   labour, struggle

unco   strange, uncommon(ly)

vrocht   laboured

wad   wed
wae   woe, sad
wale   choice
wame   stomach
warslin   wrestling
wauchlin   walking laboriously,
   waddling, staggering
waukan nicht   wake night
waukrife   wide awake
waur   worse
wardies   little words
wat   know
weariet   bored, tired of
weel   well
weet, weety   wet
whins   furze
widder   weather
widna   wouldn't
wiled   lured
win   wind
win in   get in
winner   wonder
wir   our
worrit   worried
wye   ways

yaird   courtyard
yestreen   yesterday
yett   gate
yir lane   alone
yird   earth
yokit tae   set to